PE. JOSÉ CARLOS PEREIRA, CP

DEVOCIONÁRIO DE SANTA LUZIA

Biografia e Trezena

EDITORA SANTUÁRIO

Direção editorial: Pe. Fábio Evaristo R. Silva, C.Ss.R.
Coordenação editorial: Ana Lúcia de Castro Leite
Copidesque: Bruna Vieira da Silva
Revisão: Luana Galvão
Sofia Machado
Diagramação e capa: Bruno Olivoto

ISBN: 978-85-369-0627-0

2ª impressão

Rua Pe. Claro Monteiro, 342 – 12570-045 – Aparecida-SP
Tel.: 12 3104-2000 – Televendas: 0800 - 0 16 00 04
www.editorasantuario.com.br
vendas@editorasantuario.com.br

SANTA LUZIA

BREVE BIOGRAFIA

Santa Luzia, a santa da luz, nasceu na cidade de Siracusa, na Itália, região da Sicília, no início da era cristã, ou no período conhecido como antiguidade cristã, por volta do ano de 283, sem informação de uma data precisa. Porém, hagiógrafos dizem que sua morte se deu em 13 de dezembro do ano 304, durante a perseguição do Imperador Diocleciano aos cristãos. Na Itália, ela é conhecida como Santa Lúcia de Siracusa. Sua família era cristã e muito rica. Seu pai morreu quando tinha cinco anos e deixou uma grande fortuna. Sua mãe, chamada Eutíquia, administrava os bens da família, mas era uma pessoa doente, sofria de hemorragias internas.

Luzia e a mãe eram cristãs fervorosas, apesar da proibição do governo à prática cristã. Luzia era uma jovem muito bela, considerada a mais bela de sua cidade; porém, mesmo tendo muitos pretendentes, não optou pela vida matrimonial e consagrou-se a

Deus, oferecendo a ele sua virgindade perpétua. Fez isso secretamente, porque não era permitido, por ser uma atitude cristã.

Certa vez, quando ela e a mãe foram à missa, na cidade de Catânia, onde se encontrava sepultado o corpo de Santa Águeda, que morreu por não se converter aos deuses romanos, Luzia ouviu a passagem do evangelho em que Jesus curou a mulher que sofria com hemorragia (Mc 5,25-29) e pensou: "Se aquela mulher, ao tocar nas vestes de Jesus, ficou curada, será que Santa Águeda não pedirá ao Senhor que cure minha mãe da mesma forma?" Após a missa, Luzia foi rezar junto ao túmulo de Santa Águeda. Dizem que, durante a oração, Luzia entrou em êxtase e viu anjos rodeando Santa Águeda, que lhe disse: "Luzia, minha irmã, por que pedes a mim uma coisa que tu mesma podes conceder?" Luzia ouviu o que ela lhe disse e, fervorosamente, pediu pela cura de sua mãe. Quando Luzia voltou para onde a mãe lhe aguardava, esta lhe disse que não sentia mais nada e havia sido curada. Luzia então contou à mãe que rezou, pediu por sua cura e falou diretamente com Santa Águeda, que lhe aconselhou pedir a Deus a cura de sua mãe. Ali mesmo, Luzia revelou para a mãe que havia feito votos de castidade e de pobreza e iria distribuir todos os seus bens aos pobres. A mãe permitiu que ela assim fizesse, e, ao chegar a casa, começaram a fazer a distribuição.

As pessoas não entendiam o porquê de elas estarem "esbanjando" os bens, dando dinheiro aos necessitados e, assim, dilapidando a grande fortuna da família. Nesse ínterim, um jovem, que era apaixonado por Luzia, mas não correspondido, descobriu que ela era cristã e a denunciou ao governo de Siracusa, Pascasio. Este ficou furioso com Luzia e a denunciou ao Imperador Diocleciano, que a chamou a sua presença e tentou persuadi-la a se converter aos ídolos. Luzia resistiu e mostrou-se cheia do Espírito Santo diante do imperador. Vendo que nada a convertia, Diocleciano decidiu que a mataria. Antes, porém, iria torturá-la naquilo que ela mais prezava, que era sua virgindade. Tentou arrancá-la de sua casa e mandá-la para uma casa de prostituição, mas foi em vão: ninguém conseguia tirar Luzia dali. Dizem que nem mesmo uma junta de bois conseguiu levá-la. Os soldados saíram envergonhados por não terem êxito; os pés de Luzia estavam fincados no chão, como raízes de plantas. Naquele tempo, as virgens tinham mais medo de perder a virgindade que enfrentar uma cova cheia de leões. Na iminência de ser levada a uma casa de prostituição, e ali ser torturada, perdendo a virgindade, isto é, sendo estuprada, Luzia encontrou forças para resistir.

Como nada do que tentaram tinha dado certo, os soldados buscaram atear-lhe fogo, o que a fez rezar a seguinte oração: "Senhor Deus, Jesus Cristo, meu Rei, não deixeis que estas chamas me façam mal algum". As chamas nada fizeram contra ela, nem mesmo vermelhidão em seu corpo, por isso a retiraram do fogo. Foi-lhe então aplicado o castigo mais cruel: a degolação. Porém, não sem a torturar antes. Como Luzia não se convertia aos deuses romanos, um soldado, a mando do imperador, arrancou-lhe os olhos e entregou-os em um prato, mas, milagrosamente, nasceram-lhe no rosto dois lindos olhos verdes, sãos, perfeitos e mais lindos que os primeiros.

Vendo que nada a convencia a converter-se ao paganismo, deceparam-lhe a cabeça no momento em que ela dizia: "Adoro a um só Deus verdadeiro, a quem prometi amor e fidelidade". No mesmo instante, sua cabeça rolou pelo chão. Era dia 13 de dezembro do ano de 304 d.C.; dizem que, diante desse trágico episódio, os cristãos recolheram seu corpo e sepultaram-no nas catacumbas de Roma. A partir de então, sua fama de santa espalhou-se por toda a Itália e Europa, e depois por todo o mundo, sendo hoje venerada e honrada como a Santa protetora dos olhos.

Sua festa é celebrada no dia 13 de dezembro, doze dias antes do Natal, festa da Luz, que é Cristo, Luz para o mundo, para indicar aos cristãos a necessidade de preparação espiritual neste tempo tão importante. O exemplo de alguém que deu a vida e sofreu o martírio em nome da fé cristã deve iluminar a vida de cada cristão. Por essa razão, fazer uma trezena em honra a Santa Luzia, nos dias que antecedem o Natal do Senhor, é uma prática espiritual altamente recomendada.

A imagem de Santa Luzia traz nas mãos uma palma, símbolo do martírio, e um prato com os próprios olhos, símbolo da proteção dos olhos de todos aqueles que a ela recorrem, pedindo sua intercessão junto a Deus.

Ela é considerada a Padroeira dos oftalmologistas e de todos aqueles que têm problema de visão. Santa Luzia é também nome de muitas cidades e padroeira de várias dioceses no Brasil e no mundo. Dentre as dioceses do Brasil, está a de Mossoró-RN, e no mundo, a arquidiocese de Siracusa, na Itália.

TREZENA

A trezena corresponde a treze dias consecutivos de oração em preparação a alguma festa ou solenidade de um santo de devoção. São treze dias para a pessoa se preparar, espiritualmente, para uma importante celebração. Além da trezena, há outras maneiras de se preparar, como, por exemplo, os tríduos e as novenas. Aqui, porém, proponho um roteiro da trezena de Santa Luzia, protetora dos olhos.

Esta trezena, como o próprio nome diz, contém treze celebrações bem elaboradas, isto é, são momentos de oração e de estreita sintonia com Santa Luzia. Todos os treze dias de oração aqui indicados seguem o mesmo esquema, porém com algumas pequenas variações, dependendo do dia e do tema.

A cada dia é indicado um texto bíblico para reflexão, uma sugestão de reflexão, uma oração, um compromisso e também há um assunto, voltado para o tema da luz e seus correlatos. Isso porque

Luzia significa luz e, sobretudo, porque Jesus é a luz das luzes.

Esse tema está permeado pela evangelização, pela missão que o fiel tem na Igreja, em sua paróquia ou comunidade. Portanto, esta trezena tem como objetivo, além de fomentar a devoção a Santa Luzia, despertar o ardor missionário para o compromisso com a comunidade, seguindo o exemplo de amor e fidelidade de Santa Luzia, mártir da fé.

Outra característica importante desta trezena é o fato de ela ser também uma forma de preparar-se para o Natal. Por ela se dar no contexto do tempo de preparação para o Natal do Senhor, procurei contemplar em cada celebração, e em seu conjunto, os indicativos para a preparação de Natal, conferindo, a cada dia, a tônica do advento. Outra indicação é que a novena de Natal seja feita logo após o término desta trezena, completando, assim, o ciclo de preparação para o Natal.

Temos aqui um roteiro completo para se preparar e celebrar Santa Luzia, de modo pessoal, fortalecendo a fé nela e devoção a ela.

ORAÇÕES PARA TODOS OS DIAS

ORAÇÕES INICIAIS

– *Em nome do Pai, do Filho e do Espírito Santo.*

Vinde, Espírito Santo, enchei os corações dos vossos fiéis e acendei neles o fogo do vosso amor. Enviai o vosso Espírito, e tudo será criado e renovareis a face da terra. *Oremos:* Ó Deus, que instruístes os corações dos vossos fiéis com a luz do Espírito Santo, fazei que apreciemos retamente todas as coisas, segundo o mesmo Espírito, e gozemos sempre de sua consolação. Por Cristo, Senhor nosso. Amém!

(Momento de perdão: exame de consciência, reconhecimento dos pecados e pedido de perdão.)

– ***Oferecimento da Trezena:*** Gloriosa virgem e mártir Santa Luzia, abençoada desde a mais tenra infância e cheia de graça do Senhor, que vos fez digna habitação do Espírito Santo, eu vos suplico, ó santa protetora, que eu alcance da Santíssima Trindade um favor todo especial, para celebrar em vossa honra esta trezena, e que, assim como, inflamada do ardor da divina caridade, empenhou-se vossa ditosa alma em servir e amar a Deus, até o possuir pelo martírio, assim também eu consiga, por vossa poderosa intercessão, amar e servir a Deus perfeitamente aqui na terra e gozar de sua divina presença eternamente no céu. Amém.

(Momento de louvor: lembrar os motivos que gostaria de louvar a Deus neste dia.)

– ***Oração:*** Ó Deus, que vos dignastes iluminar vossa Virgem Santa Luzia com o clarão da fé e com a coroa do martírio, concedei-nos que, por sua intercessão, sejamos livres de qualquer cegueira da mente e do corpo e mereçamos elevar mais facilmente o olhar para as coisas celestes. Por Cristo, nosso Senhor. Amém.

ORAÇÕES FINAIS

– ***Bênção da água:*** Deus, Pai de misericórdia e luz do mundo, bendito sejais pela água, fonte de vida e sinal de vosso amor para conosco. Eu vos peço, por intercessão de Santa Luzia, dignai-vos abençoar esta água, criatura vossa, que aqui coloquei em vossa presença. Renovai em mim vossa força para que, com o olhar de fé, eu possa enfrentar os desafios do dia a dia. Por Cristo, nosso Senhor. Amém!

– ***Pai-nosso...***

– ***Oração final:*** Recebei, ó Deus, minha humilde homenagem, oferecida a vós por meio das orações neste dia da trezena, em louvor, honra e devoção a Santa Luzia. Concedei-me, por sua intercessão, manter acesa, em meu coração, a chama de vosso amor. Imploro, ó Deus, vossa clemência, para que, alegrando-me com a preparação da festa da virgem mártir Santa Luzia, possa alcançar o perdão para meus pecados, a graça e proteção para minha vida e, finalmente, a glória eterna. Por Cristo, nosso Senhor. Amém!

– *Em nome do Pai, do Filho e do Espírito Santo.*

"EU SOU A LUZ DO MUNDO"

(Jo 8,12)

1. Orações iniciais *(p. 15)*

2. Trecho da biografia de Santa Luzia

Santa Luzia, a santa da luz, nasceu na cidade de Siracusa, na Itália, região da Sicília, no início da era cristã, ou no período conhecido como antiguidade cristã, por volta do ano de 283, sem informação de uma data precisa. Porém, hagiógrafos dizem que sua morte se deu em 13 de dezembro do ano 304, durante a perseguição do Imperador Diocleciano aos cristãos. Na Itália, ela é conhecida como Santa Lúcia de Siracusa. Sua família era cristã e muito rica. Seu pai morreu quando tinha cinco anos e deixou uma grande fortuna. Sua mãe, chamada Eutíquia, administrava os bens da família, mas era uma pessoa doente, sofria de hemorragias internas.

3. Para refletir

- O que mais me chama a atenção nesse trecho da vida de Santa Luzia?
- O que ele tem a me ensinar?
- Lembre-se de alguma graça de Santa Luzia que você ou alguém recebeu.

4. Salmo 90(91)

(*O Senhor deu uma ordem a seus anjos, para em todos os caminhos te guardarem!* Ler e meditar esse Salmo. Repetir alguma palavra ou frase.)

5. Leitura bíblica: João 8,12-19

6. Meditação

- O que Jesus pede que eu faça para não andar nas trevas?
- O que significa "trevas" e como ela acontece, hoje?
- Jesus sabia de onde vinha e para onde ia. E eu, já parei para refletir sobre de onde vim e aonde estou indo?
- Dei testemunho de Jesus? Como? Como posso conhecer Jesus, hoje?

7. Para rezar

Certo dia, um jovem foi procurar um sábio, pois tinha uma dúvida que não o deixava aquietar-se. Encontrando-o, perguntou: "Sempre falas de Deus, mas tens provas de sua existência?" O sábio apontou para uma luz e perguntou: "Sabes o que é isto?" "É uma luz", respondeu o jovem. "Como sabes que é uma luz?", perguntou o sábio. "Eu a vejo, portanto não há necessidade de prova". E o sábio continuou: "Então o mesmo se dá com a existência de Deus. Eu o vejo em mim, e fora de mim, eu o vejo dentro e por meio de cada coisa. Portanto, não há necessidade de prova". E continuou: "Enquanto a abelha se encontra no exterior das pétalas do lírio, sem experimentar ainda a doçura de seu néctar, ela plana em volta da flor e emite um zumbido. Mas, logo que ela penetra em seu interior, bebe, silenciosamente, o néctar. Quando alguém ainda estiver discutindo e especulando sobre uma doutrina e os dogmas religiosos, é porque ainda não experimentou o néctar da verdadeira fé. Por isso, faz silêncio e compreenderás! Onde o Espírito Santo vem com sua luz, nossa lâmpada terrestre já não é necessária", concluiu o sábio (texto extraído da Novena de Natal – 2007. "Discípulos e missionários de Jesus Cristo, para que n'Ele nossos povos tenham vida." Subsídio produzido pelo Instituto de Evangelização Kayros, p. 7-8).

8. Preces

(Faça, neste momento, seus pedidos a Deus, pela intercessão de Santa Luzia.)

9. Oração para a bênção dos olhos

Ó Deus, que enviastes vosso Filho ao mundo para fazer o bem e curar todas as doenças, eu vos peço, por intercessão de Santa Luzia, protegei minha visão contra todo tipo de enfermidade. Fazei que eu tenha sempre um olhar saudável e que eu possa ver sempre as coisas de Deus e trilhar os caminhos do bem. Concedei aos que já perderam a visão outras formas de ver o mundo com o olhar do coração. Isso eu vos peço por Jesus Cristo, vosso Filho, na unidade do Espírito Santo. Amém.

10. Compromisso de vida

Visitar uma pessoa doente e levar uma palavra de esperança.

11. Orações finais *(p. 17)*

2º DIA

“VOCÊS SÃO LUZ DO MUNDO”

(Mt 5,14)

1. Orações iniciais *(p. 15)*

2. Trecho da biografia de Santa Luzia

Luzia e a mãe eram cristãs fervorosas, apesar da proibição do governo à prática cristã. Luzia era uma jovem muito bela, considerada a mais bela de sua cidade, porém, mesmo tendo muitos pretendentes, não optou pela vida matrimonial e consagrou-se a Deus, oferecendo a ele sua virgindade perpétua. Fez isso secretamente, porque não era permitido, por ser uma atitude cristã.

3. Para refletir

- O que mais me chama a atenção nesse texto sobre Santa Luzia?

- O que ele tem a me ensinar?
- O que eu já sabia sobre Santa Luzia?

4. Salmo 80(79)

(*Deus faz brilhar sua face sobre nós e nos salva.* Ler e meditar esse Salmo. Repetir alguma palavra ou frase.)

5. Leitura bíblica: Mateus 5,14-16

6. Meditação

- Jesus afirma que somos luz do mundo. Como é que posso ser essa luz para o mundo?
- O que significa ser luz?
- Onde e quando devo ser luz?
- Conheço pessoas que, de fato, são luz para os outros?

7. Para rezar

Ela havia nascido no fundo do mar, a partir de um alegre e doloroso encontro entre um grão de areia e uma pequena ostra. Quando ela apareceu, suas companheiras ficaram muito felizes. Até mesmo a rainha do mar ficou admirada com aquela pérola rara e maravilhosa e a circundou de cuidados particulares. Todos os dias, ao amanhecer, a ostra, já crescida, abria-se, e a pérola deixava-se acariciar pelo sol, refletindo seus raios ao redor, para a alegria de todos. Mas o inverno chegou. Os dias passavam, e o sol não aparecia mais. Ficava escondido atrás das nuvens. A pérola esperava que a luz do sol voltasse, mas, enquanto isso não acontecia, seu brilho diminuía cada vez mais. Mesmo assim, incrustada no banco de corais no fundo do mar, ela procurava alegrar os peixes que vagueavam a seu redor. Porém, quanto mais o tempo passava, mais ela sentia-se invadida pela escuridão. A rainha do mar sabia de tudo o que estava acontecendo e mandou-lhe um mensageiro. A pérola, que já sentia a morte chegando, foi colocada em uma baía de águas baixas e límpidas, onde dezenas de pequenas pérolas estavam crescendo. O sol resplandecia naquelas águas, mas a pérola rara não conseguia mais vê-lo. Era como se os longos meses sem o sol lhe tivesse tirado a visão. Mesmo assim, ela estava feliz por estar naquela baía, porque soubera que havia sido a rainha do mar a mandá-la para aquelas águas. Embora não conseguindo ver a luz do sol, ela não era insensível ao calor dos reflexos – se bem que ainda fracos – que as pequenas pérolas lhe mandavam. Para ela, que havia irradiado os raios de sol, não era nenhum sacrifício retribuir a atenção das perolazinhas, refletindo os pequenos raios de luz que recebia. Essa troca era como um bálsamo para ela e lhe dava um pouco de paz. As pequenas pérolas, que a viam como predileta entre todas, queriam aprender a refletir os raios de sol como ela fazia. A pérola amava as perolazinhas e não queria decepcioná-las, confidenciando-lhes que estava cega. Por isso não disse nada e fez por elas o que sempre tinham feito quando a ostra se abria. E as perolazinhas viam luz... Luz... Luz... mesmo se a pérola só sentisse escuridão... Escuridão... Escuridão. Só à noite, quando ninguém a via, a pérola rara derramava uma lágrima no segredo da ostra. Uma noite, o mensageiro, enviado pela rainha do mar, chegou àquela baía e bateu à porta da ostra. Quando ela se abriu, grande foi a surpresa de todos. No centro da ostra, onde a pérola repousava, brotava uma luz intensa, semelhante àquela do sol. O amor lhe havia ensinado a transformar a escuridão em luz. (Texto de autor desconhecido.)

8. Preces

(Faça, neste momento, seus pedidos a Deus, pela intercessão de Santa Luzia.)

9. Oração para a bênção dos olhos

Ó Virgem Santa Luzia, concedei-me o aumento de minha fé. Que ela seja mais viva e generosa. Fortalecei minha esperança na vida eterna e enriquecei meu amor a Cristo, nosso Salvador. Quero, neste segundo dia de trezena, assumir o compromisso de cristão, para ter uma vida de comunidade mais humana e fraterna, cheia das graças e bênçãos de Deus. Santa Luzia, dai-me a saúde da alma e do corpo e livrai-me de qualquer enfermidade dos olhos, ou do perigo de perdê-los. Protegei-me sempre e amparai-me na hora de minha morte. Amém.

10. Compromisso de vida

Oferecer uma cesta básica na paróquia.

11. Orações finais *(p. 17)*

3º DIA

FAZER SEMPRE AS OBRAS DA LUZ

(Jo 3,19-21)

1. Orações iniciais *(p. 15)*

2. Trecho da biografia de Santa Luzia

A mãe de Luzia era muito doente e sofria de uma forte hemorragia. Eutíquia procurou vários médicos. Nenhum, porém, conseguiu curá-la. Luzia, então, teve a ideia de levá-la Catânia, cidade onde está o túmulo de Santa Águeda. O dia da festa da Santa estava próximo, e Luzia sentia que, se sua mãe colocasse a mão no túmulo de Santa Águeda, ficaria curada. Muito fraca e doente, mas vendo a convicção da filha, a mãe aceitou. As duas, então, partiram para a cidade da Santa.

3. Para refletir

- O que mais eu conheço da proteção dos olhos atribuída a Santa Luzia?
- Qual a importância dos olhos em minha vida?
- Qual o valor da fé em minha vida?
- O que eu tenho feito em nome da fé?

4. Salmo 119(118)

(*Tua Palavra é lâmpada para os meus pés e luz para meu caminho!* Ler e meditar esse Salmo. Repetir alguma palavra ou frase.)

5. Leitura bíblica: João 3,19-21

6. Meditação

- O que são obras das trevas e como elas estão presentes, hoje, em nosso meio?
- Quando é que prefiro as trevas à luz?
- O que significa se aproximar da luz?
- O que acontece quando as pessoas se aproximam da luz?
- Tenho praticado obras da luz? Quando? Como?

7. Para rezar

Em uma agradável tarde de primavera, um amigo foi visitar o pintor El Greco. Para sua surpresa, encontrou-o em seu atelier, com todas as cortinas fechadas. Greco trabalhava em um quadro, cujo tema central era a Virgem Maria, usando apenas uma vela para iluminar o ambiente. Surpreso, o amigo comentou:

– Sempre ouvi dizer que os pintores gostam do sol, para escolher direito as cores que vão usar. Por que você não abre as cortinas?

– Agora não, respondeu El Greco, perturbaria o fogo brilhante da inspiração que está incendiando minha alma e enchendo de luz tudo a minha volta. (Texto de autor desconhecido.)

8. Preces

(Faça, neste momento, seus pedidos a Deus, pela intercessão de Santa Luzia.)

9. Oração para a bênção dos olhos

Ó Virgem Santa Luzia, concedei-me o aumento de uma fé mais viva e generosa, o fortalecimento de uma esperança constante na construção do Reino de Deus e o enriquecimento de nosso amor a Cristo, nosso Salvador, e a nosso próximo. Quero, nesta trezena, ó Santa Luzia, assumir o compromisso de cristão, praticando sempre as obras da luz. Por Cristo, nosso Senhor. Amém!

10. Compromisso de vida

Ajudar em alguma coisa na paróquia da qual participo.

11. Orações finais *(p. 17)*

4º DIA

DAR TESTEMUNHO DA LUZ

(Jo 1,1-9)

1. Orações iniciais *(p. 15)*

2. Trecho da biografia de Santa Luzia

Certa vez, quando ela e a mãe foram à missa, na cidade de Catânia, onde se encontrava sepultado o corpo de Santa Águeda, que morreu por não se converter aos deuses romanos, Luzia ouviu a passagem do evangelho em que Jesus curou a mulher que sofria com hemorragia (Mc 5,25-29) e pensou: "Se aquela mulher, ao tocar nas vestes de Jesus, ficou curada, será que Santa Águeda não pedirá ao Senhor que cure minha mãe da mesma forma?" Após a missa, Luzia foi rezar junto ao túmulo de Santa Águeda. Dizem que, durante a oração, Luzia entrou em êxtase e viu anjos rodeando Santa Águeda, que lhe disse:

"Luzia, minha irmã, por que pedes a mim uma coisa que tu mesma podes conceder?" Luzia ouviu o que ela lhe disse e, fervorosamente, pediu pela cura de sua mãe. Quando Luzia voltou para onde a mãe lhe aguardava, esta lhe disse que não sentia mais nada e havia sido curada. Luzia então contou à mãe que rezou, pediu por sua cura e falou diretamente com Santa Águeda, que lhe aconselhou pedir a Deus a cura da mãe. Ali mesmo, Luzia revelou à mãe que tinha feito votos de castidade e de pobreza e que iria distribuir todos os seus bens aos pobres. A mãe permitiu que ela assim fizesse, e, ao chegar a casa, começaram a fazer a destribuição.

3. Para refletir

- Luzia foi fiel a seus propósitos e isso lhe custou muito caro. Eu acredito que ser fiel àquilo em que acredito é uma forma de dar testemunho da luz? Como?
- Luzia se vê diante de um grande desafio: ser coerente com seus propósitos e sua fé e ajudar a mãe doente. Qual o maior desafio com que eu me deparei em minha vida? Conheço alguém que já viveu um dilema similar?

- A partilha é uma forma de dar testemunho da luz. Tenho conseguido promover a partilha de minha vida e de meus bens materiais? Como?

4. Salmo 43(42)

(*Envia tua luz e tua verdade*! Ler e meditar esse Salmo. Repetir alguma palavra ou frase.)

5. Leitura bíblica: João 1,1-9

6. Meditação

- Qual a importância da Palavra de Deus em minha vida?
- Tenho procurado lê-la todos os dias e colocá-la em prática? Como?
- Tenho procurado pautar minha vida na Palavra de Deus e nada fazer sem ela?
- Tenho feito dela luz para minha vida? De que maneira?
- O que posso fazer para que a Palavra de Deus continue iluminando as trevas deste mundo?
- Como tenho dado testemunho da luz?

7. Para rezar

Era uma vez, um besouro que estava à beira do lixão e se encontrou com um vaga-lume que tomava sol.

– O que você está fazendo aí? Perdendo seu tempo?, perguntou o besouro.

– Estou guardando os raios do sol, para quando ele se puser.

– Que nada, você está perdendo o melhor de sua vida, respondeu o besouro, afundando-se no lixo.

Naquela noite, o besouro era só uma sombra, enquanto o vaga-lume era estrela, luz e ponto de referência no campo.

Quando rezamos ou dedicamos nossa vida em prol da vida de outros, pode parecer que estamos perdendo tempo, porém estamos recebendo o calor e a luz de Deus Pai e de Jesus, o Bom Pastor, para depois, na noite escura do mundo, sermos ponto de referência para nós mesmos e para os outros. (Texto de autor desconhecido.)

8. Preces

(Faça, neste momento, seus pedidos a Deus, pela intercessão de Santa Luzia.)

9. Oração para a bênção dos olhos

Ó Virgem Santa Luzia, concedei-me aumentar a fé e fortalecer a esperança, para que eu seja sempre testemunha da luz. Curai meus olhos de todas as formas de cegueira, para que eu possa enxergar os desafios que o mundo me apresenta e, assim, encontrar a resposta certa para solucioná-los. Por Cristo, nosso Senhor. Amém!

10. Compromisso de vida

Ler a Palavra de Deus e sempre procurar colocá-la em prática.

11. Orações finais *(p. 17)*

SER LUZ NAS REGIÕES DAS TREVAS

(Mt 4,12-17)

1. Orações iniciais *(p. 15)*

2. Trecho da biografia de Santa Luzia

As pessoas não entendiam por que Luzia estava "esbanjando" os bens, dando dinheiro aos necessitados e, assim, dilapidando a grande fortuna da família. Nesse ínterim, um jovem, que era apaixonado por Luzia, mas não era correspondido, descobriu que ela era cristã e a denunciou ao governo de Siracusa, Pascasio. Este ficou furioso com Luzia e a denunciou ao Imperador Diocleciano, que a chamou a sua presença e tentou persuadi-la a se converter aos ídolos. Luzia resistiu e mostrou-se cheia do Espírito Santo diante do imperador. Vendo que nada a convertia, Diocleciano decidiu que a mataria. Antes, porém, iria torturá-la naquilo que ela mais prezava, que era sua virgindade.

3. Para refletir

- Conheço algum caso de pessoas que são perseguidas por causa de seu ideal?
- O que eu acho da liberdade religiosa? Sei respeitá-la?
- O estupro, a tortura e o assassinato são tipos de violência que se configuram em pecados gravíssimos. Como a sociedade lida com essas situações que continuam a acontecer? O que eu posso fazer para evitar esses e outros tipos de atentados contra a vida?

4. Salmo 46(45)

(*Deus é nossa força e segurança!* Ler e meditar esse Salmo. Repetir alguma palavra ou frase.)

5. Leitura bíblica: Mateus 4,12-17

6. Meditação

- Jesus manifesta-se tomando certas atitudes diante da prisão de João. Como reajo diante dos irmãos que são perseguidos, presos e até mortos?

- Jesus foi ao encontro daqueles que mais necessitavam. Tenho tido pré-disposição para ir ao encontro de meus irmãos necessitados aqui e nos "confins do mundo"?
- Como posso ser luz para meus irmãos que vivem nas trevas das drogas, da prostituição e de outras formas de marginalidade?

7. Para rezar

Era uma vez uma cobra que começou a perseguir um vaga-lume que só vivia para brilhar. Ele fugia rapidamente, com medo da feroz predadora, e a cobra nem pensava em desistir. Fugiu um dia, e ela, sem desistir, perseguiu-o dois dias e nada... No terceiro dia, já sem forças, o vaga-lume parou e disse à cobra: "Posso fazer três perguntas?" A cobra respondeu: "Não costumo abrir esse precedente para ninguém, mas, já que vou comê-lo mesmo, pode perguntar..." "Pertenço a sua cadeia alimentar?" "Não." "Fiz a você alguma coisa?" "Não." "Então por que quer me devorar?" "Porque não suporto ver você brilhar..." (Texto de autor desconhecido.)

8. Preces

(Faça, neste momento, seus pedidos a Deus, pela intercessão de Santa Luzia.)

9. Oração para bênção dos olhos

Ó Virgem Santa Luzia, concedei-me aumentar a fé e fortalecer a esperança, para que eu seja sempre testemunha da luz. Curai meus olhos de todas as formas de cegueira, para que eu possa enxergar os desafios que o mundo me apresenta e, assim, encontrar a resposta certa para solucioná-los. Por Cristo, nosso Senhor. Amém!

10. Compromisso de vida

Visitar alguém da família que há tempo não visita.

11. Orações finais *(p. 17)*

6º DIA

UMA LUZ QUE ESTARÁ SEMPRE CONOSCO

(Mt 1,23)

1. Orações iniciais *(p. 15)*

2. Trecho da biografia de Santa Luzia

Tentaram arrancar Luzia de sua casa e mandá-la para uma casa de prostituição, mas foi em vão: ninguém conseguia tirá-la dali. Dizem que nem mesmo uma junta de bois conseguiu levá-la. Os soldados saíram envergonhados por não terem êxito; os pés de Luzia estavam fincados no chão, como raízes de plantas. Naquele tempo, as virgens tinham mais medo de perder a virgindade que enfrentar uma cova cheia de leões, e na iminência de ser levada a uma casa de prostituição, e ali ser torturada, perdendo a virgindade, isto é, sendo estuprada, Luzia encontrou forças para resistir.

3. Para refletir

- O que Santa Luzia tem a me ensinar?
- Tenho sido perseverante na fé?
- Qual o maior obstáculo para minha fé?

4. Salmo 112(111)

(*Ele brilha nas trevas como luz para os retos*. Ler e meditar esse Salmo. Repetir alguma palavra ou frase.)

5. Leitura bíblica: Mateus 1,18-25

6. Meditação

- Quem foi José e qual sua participação na história da Salvação?
- Que qualidades destaco desse texto para minha vida?
- De que maneira Jesus pode estar comigo, hoje?
- Quais os outros pontos que me chamaram a atenção nesse texto bíblico?

7. Para rezar

Uma luz azul corta a escuridão. O pequeno raio segue intocado, sempre na direção em que foi lançado. A ele não importa o que irá iluminar. Em um ponto ele encontra-se com um raio amarelo. "Para onde vai, raio azul?" O raio amarelo pergunta. "Aonde vou? Como se isso o interessasse! Vou sempre em frente, na direção em que fui lançado. Como, aliás, todo raio de luz!" A resposta do azul foi seca. O amarelo então foi embora. Mais à frente, deparou-se com um feixe roxo, que também perguntou: "Aonde vai, raio azul?" Este, já irritado, responde: "Vou sempre em frente, ao invés de ficar me intrometendo na vida dos outros!" E assim foi prosseguindo, sendo ainda interrompido por mais cinco raios em seu percurso, dando sempre respostas grossas às perguntas que faziam. Até que, mais à frente, os sete raios voltaram juntos para falar com ele. "Ora, se não é nosso amigo antissocial! Olhe como juntos, sem sua preocupação de sempre seguir em frente, ficamos belos e chamativos! Formamos um arco-íris! E, se você parasse por um instante e se juntasse a nós, seria belo também!" O raio azul sequer lhes deu atenção, seguindo sempre seu caminho. Mas ria à medida que pensava: "Pobres tolos... Orgulham-se de serem um arco-íris e sequer percebem que sou o azul do céu que os envolve! (Conto de autor desconhecido.)

8. Preces

(Faça, neste momento, seus pedidos a Deus, pela intercessão de Santa Luzia.)

9. Oração para a bênção dos olhos

Ó Virgem Santa Luzia, concedei-me aumentar a fé e fortalecer a esperança, para que eu seja sempre testemunha da luz. Curai meus olhos de todas as formas de cegueira, para que eu possa enxergar os desafios que o mundo me apresenta e, assim, encontrar a resposta certa para solucioná-los. Por Cristo, nosso Senhor. Amém!

10. Compromisso de vida

Corrigir falhas de meu olhar.

11. Orações finais *(p. 17)*

O POVO QUE ANDAVA NAS TREVAS VIU UMA GRANDE LUZ

(Is 9,1)

1. Orações iniciais *(p. 15)*

2. Trecho da biografia de Santa Luzia

Como nada do que tentaram contra Luzia tinha dado certo, os soldados buscaram atear-lhe fogo, o que a fez rezar a seguinte oração: "Senhor Deus, Jesus Cristo, meu Rei, não deixeis que estas chamas me façam mal algum". As chamas nada fizeram contra ela, nem mesmo vermelhidão em seu corpo, por isso a retiraram do fogo. Foi-lhe então aplicado o castigo mais cruel: a degolação. Porém, não sem torturá-la antes. Como Luzia não se convertia aos deuses romanos, um soldado, a mando do imperador, arrancou-lhe os olhos e entregou-os em um prato, mas, milagrosamente, nasceram-lhe no rosto dois lindos olhos verdes, sãos, perfeitos e mais lindos que os primeiros.

3. Para refletir

- O que esse texto me diz?
- O que esse texto me faz dizer a Deus?
- O que esse texto me faz dizer a meu próximo?
- Que compromisso esse texto me desperta?

4. Salmo 25(26)

(*Detesto a assembleia dos maus e não me assento com injustos*. Ler e meditar esse Salmo. Repetir alguma palavra ou frase.)

5. Leitura bíblica: Isaías 9,1-4

6. Meditação

- Quais são as luzes que o povo que sofre, hoje, poderá vislumbrar?
- Posso, hoje, ajudar a apontar sinais de esperança? Quais e como?

- Quem tem esperança sabe partilhar do pouco que tem. Eu sei partilhar?
- Quais são, hoje, minhas expectativas para o Natal?

7. Para rezar

Ó Deus, cuja força se manifesta na fraqueza, fazei que, ao celebrarmos a glória de Santa Luzia, que de vós recebeu a força de vencer, obtenhamos, por sua intercessão, a graça da vitória. Por nosso Senhor, Jesus Cristo, vosso Filho, na unidade do Espírito Santo.

8. Preces

(Faça, neste momento, seus pedidos a Deus, pela intercessão de Santa Luzia.)

9. Oração para a bênção dos olhos

Ó Virgem Santa Luzia, concedei-me aumentar a fé e fortalecer a esperança, para que eu seja sempre testemunha da luz. Curai meus olhos de todas as formas de cegueira, para que eu possa enxergar os desafios que o mundo me apresenta e, assim, encontrar a resposta certa para solucioná-los. Por Cristo, nosso Senhor. Amém!

10. Compromisso de vida

Incentivar alguém a participar de momentos de oração na preparação para o Natal, ou outro momento forte da Igreja.

11. Orações finais *(p. 17)*

8º DIA

DEIXEMOS AS OBRAS DAS TREVAS E VISTAMOS AS ARMAS DA LUZ

(Rm 13,12)

1. Orações iniciais *(p. 15)*

2. Trecho da biografia de Santa Luzia

Vendo que nada a convencia a converter-se ao paganismo, deceparam-lhe a cabeça no momento em que dizia: "Adoro a um só Deus verdadeiro, a quem prometi amor e fidelidade". No mesmo instante, sua cabeça rolou pelo chão. Era dia 13 de dezembro do ano de 304 d.C.; dizem que, diante desse trágico episódio, os cristãos recolheram seu corpo e sepultaram-no nas catacumbas de Roma. A partir de então, sua fama de santa espalhou-se por toda a Itália e Europa, e depois por todo o mundo, sendo hoje venerada e honrada como a Santa protetora dos olhos.

3. Para refletir

- Meus olhos têm sido direcionados para as coisas de Deus ou para as coisas do mundo?

4. Salmo 50(51)

(*Lava-me de minha injustiça e purifica-me de meu pecado*. Ler e meditar esse Salmo. Repetir alguma palavra ou frase.)

5. Leitura bíblica: Romanos 13,8-14

6. Meditação

- O que esse texto me diz? O que esse texto me faz dizer a Deus?
- O que esse texto me faz dizer a meu próximo?
- Que compromisso esse texto me desperta?
- Reflita sobre quais obras das trevas devemos deixar de lado e quais as armas da luz que devemos nos revestir para celebrar bem o Natal.

7. Para rezar

Ó gloriosa Mártir, Santa Luzia, que tão destemida professastes vossa fé, ficando fiel às promessas do Batismo, obtende-me igual coragem e valor, para fazer honra ao nome de cristão. Dai-me uma fé viva e socorrei-me sempre, principalmente na hora da morte.

8. Preces

(Faça, neste momento, seus pedidos a Deus, pela intercessão de Santa Luzia.)

9. Oração para a bênção dos olhos

Santa Luzia, Virgem e Mártir da esperança e da fé. Vós, que tanto glorificastes ao Senhor, preferindo sacrificar a vida a lhe ser infiel, vinde em meu auxílio e, pelo amor deste mesmo Senhor amantíssimo, livrai-me de toda falta de esperança e fé. Dai-me coragem para enfrentar os momentos difíceis e livrai-me de toda enfermidade dos olhos, para que eu possa ver com clareza toda a realidade deste mundo e, assim, seguir firmemente vossos passos rumo ao céu. Possa eu, por vossa poderosa intercessão, passar a vida na paz do Senhor e chegar a vê-lo, com meus olhos transfigurados, no eterno resplendor da Pátria do céu. Amém.

10. Compromisso de vida

Ajudar em algum trabalho pastoral na comunidade.

11. Orações finais *(p. 17)*

9º DIA

ÉRAMOS TREVAS, MAS AGORA SOMOS LUZ NO SENHOR

(Ef 5,8)

1. Orações iniciais *(p. 15)*

2. Trecho da biografia de Santa Luzia

A santa, cujo próprio nome está ligado à visão ("Luzia" deriva de "luz"), já era exaltada desde o século V. Além disso, o papa Gregório Magno, passado mais um século, incluiu-a, com todo respeito, para ser citada no cânone da missa. Os milagres atribuídos a sua intercessão transformaram-na em uma das santas auxiliadoras da população, que a invoca, principalmente, nas orações para obter cura das doenças dos olhos ou da cegueira.

3. Para refletir

- O que mais me chama atenção nesse trecho da vida de Santa Luzia?

4. Salmo 27(26)

(*Javé é minha luz e salvação: de quem terei medo?* Ler e meditar esse Salmo. Repetir alguma palavra ou frase.)

5. Leitura bíblica: Efésios 5,1-14

6. Meditação

- Quais são as coisas que não convêm ao cristão, apontadas no texto?
- Como isso acontece, hoje, e o que posso fazer para superá-las?
- Consigo viver mais as coisas da luz que as coisas das trevas? Como?
- Em que consistem os frutos da luz?
- Quais os conselhos que esse texto apresenta? É possível vivê-los?

7. Para rezar

Nada te perturbe,
nada te espante,
tudo passa,
Deus não muda,
a paciência tudo alcança;
quem a Deus tem,
nada lhe falta:
só Deus basta...
(Santa Teresa D'Ávila)

8. Preces

(Faça, neste momento, seus pedidos a Deus, pela intercessão de Santa Luzia.)

9. Oração para a bênção dos olhos

Ó Virgem Santa Luzia, concedei-me aumentar a fé e fortalecer a esperança, para que eu seja sempre testemunha da luz. Curai meus olhos de todas as formas de cegueira, para que eu possa enxergar os desafios que o mundo me apresenta e, assim, encontrar a resposta certa para solucioná-los. Por Cristo, nosso Senhor. Amém!

10. Compromisso de vida

Visitar e ajudar alguém que tenha problema de visão.

11. Orações finais *(p. 17)*

10° DIA

MÁRTIRES: ALEGREMO-NOS COM SUA LUZ

(Jo 5,35)

1. Orações iniciais *(p. 15)*

2. Trecho da biografia de Santa Luzia

Somente em 1894, o martírio da jovem Luzia, também chamada Lúcia, foi devidamente confirmado, quando se descobriu uma inscrição em grego antigo sobre seu sepulcro, em Siracusa, Ilha da Sicília. A inscrição trazia o nome da mártir e confirmava a tradição oral cristã sobre sua morte, no início do século IV.

3. Para refletir

- O que significa "ver o mundo com os olhos da fé"?

4. Salmo 56(55)

(*Andar na presença de Deus, na luz dos vivos*. Ler e meditar esse Salmo. Repetir alguma palavra ou frase.)

5. Leitura bíblica: João 5,33-38

6. Meditação

- Por que os que lutam pela justiça incomodam tanto?
- O que João Batista fez para merecer o martírio?
- O que os mártires dizem à Igreja, hoje?

7. Para rezar

De ti, Deus todo-poderoso,
vem incessantemente nossa vida.
Que tua amorosa Providência
sempre a guie.
Concede-me a conservação de minha mente,

de meu coração,
e de todas as minhas emoções
em um equilíbrio sadio.
Que a fé e confiança em ti vençam todos
meus temores e minhas angústias.
Por tua voluntária aceitação da cruz,
trouxeste, Senhor, a paz ao mundo.
Que tua paz habite em mim
e tranquilize minha mente,
sentindo a alegria de tua presença. Amém.

8. Preces

(Faça, neste momento, seus pedidos a Deus, pela intercessão de Santa Luzia.)

9. Oração para a bênção dos olhos

Ó Deus, pela intercessão da gloriosa Virgem Santa Luzia, abençoai meus olhos e reanimai meu fervor, para que eu possa testemunhar vosso martírio com palavras e ações e contemplar um dia vossa glória. Por nosso Senhor, Jesus Cristo, vosso Filho, na unidade do Espírito Santo. Amém!

10. Compromisso de vida

Rezar em família o terço.

11. Orações finais *(p. 17)*

SANTA LUZIA: MODELO DE ESPERANÇA E FÉ

(Rm 4,18)

1. Orações iniciais *(p. 15)*

2. Trecho da biografia de Santa Luzia

Diz a antiga tradição oral que a proteção dos olhos, pedida a Santa Luzia, deve-se ao fato de que ela teria arrancado os próprios olhos, entregando-os ao carrasco, preferindo isso a renegar a fé em Cristo. A arte perpetuou seu ato extremo de fidelidade cristã por meio da pintura e da literatura. Foi enaltecida pelo magnífico escritor Dante Alighieri, na obra "A Divina Comédia", que atribuiu a Santa Luzia a função da graça iluminadora. Assim, essa tradição espalhou-se através dos séculos, ganhando o mundo inteiro, permanecendo até hoje.

3. Para refletir

- O que mais me chama a atenção nesse trecho da vida de Santa Luzia?

4. Salmo 71(72)

(*Pois tu, Senhor, és minha esperança*. Ler e meditar esse Salmo. Repetir alguma palavra ou frase.)

5. Leitura bíblica: Romanos 4,18-25

6. Meditação

- O que eu entendo da expressão "esperar contra toda esperança"?
- Qual a importância de ter esperança?
- Esperança e fé têm algo em comum? O quê?
- Como Santa Luzia viveu sua esperança e sua fé? O que Deus creditou em sua vida por isso?
- Pense sobre as graças creditadas na vida de Abraão devido sua esperança e fé.
- Reflita sobre alguma graça creditada em sua vida resultada de sua esperança e fé.

7. Para rezar

Senhor Jesus, por tua aceitação voluntária dos sofrimentos da cruz e por tua ressurreição, trouxeste a paz ao mundo. Que tua paz permaneça em mim, para que todos saibam que és o Filho de Deus. Que meu espírito descanse somente em ti, em quem posso encontrar a verdadeira paz. Concede-me, Senhor, a graça de poder sempre encontrar minha alegria e minha felicidade em ti e, assim, vencer todos os pensamentos deprimentes e angustiantes. Confiando em tua bondade e misericórdia, creio que tu estás sempre a meu lado; concede-me a graça de perseverar em minha fé e de permanecer em teu amor. Amém.

8. Preces

(Faça, neste momento, seus pedidos a Deus, pela intercessão de Santa Luzia.)

9. Oração para a bênção dos olhos

Ó Santa Luzia, que não perdestes a fé e a confiança em Deus, mesmo passando pelo grande sofrimento de vos vazarem e arrancarem os olhos, ajudai-me a não duvidar da proteção divina, defendei-me da cegueira não somente física, mas também da espiritual, e atendei este meu pedido (*fazer o pedido*). Conservai a luz de meus olhos para que eu tenha a coragem de tê-los sempre abertos para a verdade e a justiça, possa contemplar as maravilhas da criação, o brilho do sol e o sorriso das crianças. Ó minha querida Santa Luzia, eu vos agradeço terdes ouvido minha súplica. Por Jesus Cristo, nosso irmão e amigo, na unidade do Espírito Santo. Amém!

10. Compromisso de vida

Entrar em contato com um familiar que esteja afastado.

11. Orações finais *(p. 17)*

DISCÍPULOS E MISSIONÁRIOS: UM JEITO EFICAZ DE SER LUZ NA IGREJA

(Mt 10,1-15)

1. Orações iniciais *(p. 15)*

2. Trecho da biografia de Santa Luzia

Para proteger as relíquias de Santa Luzia dos invasores árabes muçulmanos, em 1039, um general bizantino enviou-as para Constantinopla, atual território da Turquia. Elas voltaram ao Ocidente por obra de um rico veneziano, seu devoto, que pagou aos soldados da cruzada de 1204 para trazerem a urna funerária da santa. Santa Luzia é celebrada no dia 13 de dezembro, e seu corpo está guardado na

Catedral de Veneza, embora algumas pequenas relíquias tenham seguido para a igreja de Siracusa, que a venera no mês de maio também.

3. Para refletir

- O que fez Santa Luzia tornar-se santa?

4. Salmo 146(145)

(*O verdadeiro discípulo coloca sua confiança unicamente em Deus*. Ler e meditar esse Salmo. Repetir alguma palavra ou frase.)

5. Leitura bíblica: Mateus 10,1-15

6. Meditação

- Como me senti chamado a trabalhar na comunidade? Ou ainda não me senti chamado? Por quê?
- Como eram os primeiros discípulos de Jesus? O que isso tem a me dizer?
- O que significa ser discípulo-missionário?
- O que sei sobre o Documento de Aparecida? Por que o acento na questão do discipulado e da missionariedade na Igreja?

- O que entendo, hoje, de expulsar os espíritos maus?
- O que mais me chamou a atenção no texto? Por quê?

7. Para rezar

Ó Santa Luzia, conservai a luz de meus olhos para que eu possa ver as belezas da criação. Conservai também os olhos de minha alma, a fé, pela qual poderei conhecer nosso Deus, compreender seus ensinamentos, reconhecer seu amor para comigo e para com toda a humanidade, e que eu nunca erre o caminho que me conduzirá para vós. Santa Luzia, protegei meus olhos e conservai minha fé. Amém.

8. Preces

(Faça, neste momento, seu pedido a Deus, pela intercessão de Santa Luzia.)

9. Oração para a bênção dos olhos

Santa Luzia, consagrada a Deus com voto de castidade, enfrentastes com fortaleza quem tentava violar esse voto. Não aceitastes de forma alguma adorar falsos deuses, por isso fostes martirizada. Alcançai-me de Deus a firmeza em meus bons propósitos. Protegei-me contra todo mal dos olhos. (*Se você estiver com algum problema nos olhos, diga qual é e peça ajuda.*) Fazei que eu use minha vista somente para olhar o mundo e as pessoas com caridade e otimismo. Por vossa poderosa intercessão, alcançai-me a força de superar qualquer contrariedade, principalmente, a que estou passando agora (*dizer qual é a contrariedade*), mantendo viva minha fé em Jesus Cristo, nosso único Senhor. Ele que vive e reina com o Pai e o Espírito Santo, por todos os séculos e séculos. Amém.

10. Compromisso de vida

Rezar por alguém que esteja precisando de oração.

11. Orações finais *(p. 17)*

13º DIA

EVANGELIZAR COM RENOVADO ARDOR MISSIONÁRIO

(Mc 16,14-20)

1. Orações iniciais *(p. 15)*

2. Trecho da biografia de Santa Luzia

A imagem de Santa Luzia traz nas mãos uma palma, símbolo do martírio, e um prato com os próprios olhos, símbolo da proteção dos olhos de todos aqueles que a ela recorrem, pedindo sua intercessão junto a Deus. Ela é considerada a Padroeira dos oftalmologistas e de todos aqueles que têm problema de visão. Santa Luzia é também nome de muitas cidades e é Padroeira de várias dioceses no Brasil e no mundo.

3. Para refletir

- O que sinto ao contemplar a imagem de Santa Luzia?

4. Salmo 1

(*Senhor, quem vos seguir terá a luz da vida.* Ler e meditar esse Salmo. Repetir alguma palavra ou frase.)

5. Leitura bíblica: Marcos 16,14-20

6. Meditação

- De que maneira sinto a presença de Jesus em minha vida?
- Há momentos em que me sinto enfraquecido(a) por falta de fé ou pela dureza de meu coração? Quais as consequências disso?
- O que Jesus pede aos discípulos nesse Evangelho? O que isso representa para mim, hoje?
- É fácil identificar um(a) missionário(a)? Quais os sinais mais visíveis que o(a) acompanham? Que sinais devem me acompanhar na missão de evangelizar?
- Sinto-me protegido por Deus em minha missão? Como?

- Quais os sinais que Deus me indica, hoje, para ser missionário(a)?

7. Para rezar

Senhor Jesus Cristo, vós me deixastes a missão de evangelizar. Ajudai-me a sentir a beleza de crer em vós. Despertai em mim a consciência da grandeza da missão. Renovai o ardor e a responsabilidade dos cristãos na participação da obra da Evangelização. Dai-me um coração generoso para colaborar espiritual e materialmente na missão. Com minha oferta feita com alegria, testemunho a alegria de ser e fazer parte de vossa Igreja, discípula-missionária. Amém!

8. Preces

(Faça, neste momento, seu pedido a Deus, pela intercessão de Santa Luzia.)

9. Oração para a bênção dos olhos

Ó Santa Luzia, que preferistes deixar que vossos olhos fossem vazados e arrancados a negar a fé e conspurcar vossa alma; e Deus, com um milagre extraordinário, devolveu-vos outros dois olhos, sãos e perfeitos, para recompensar vossa virtude e vossa fé, e vos constituiu protetora contra as doenças dos olhos, eu recorro a vós para que proteja minhas vistas e cureis a doença de meus olhos. Amém.

10. Compromisso de vida

Presentear alguém com um exemplar desta trezena e incentivá-la a fazer no próximo ano.

11. Oração final

CONSIDERAÇÕES FINAIS

O nome Luzia vem de Lúcia, do latim luz. Desse modo, procuramos, no decorrer desta trezena, dar destaque a esse tema. Porém, em nenhum momento, deixamos que a luz de Luzia ofuscasse a Luz maior, que é Jesus Cristo. Assim, preparamos um roteiro que destacasse, em primeiro lugar, a Luz de Cristo, sem, contudo, ofuscar a luz que Luzia deixou entre nós, por seu exemplo de coragem e fé. Invocada como protetora da luz de nossos olhos, Luzia soube ser luz, testemunhando com fidelidade e coragem seus ideais. Sabe-se que, entre outras coisas, o nome Luzia indica preocupação pelo saber total, profundo e verdadeiro. É próprio de pessoas com grande clareza de ideias e de projetos, a quem é difícil enganar com argumentos falaciosos. Foi o que ocorreu com Santa Luzia que, fazendo jus ao nome, não se deixou levar pelas pressões que sofreu. Celebrar bem a festa dessa virgem e mártir é celebrar, de certa forma, a vida da Igreja que tem em seus mártires, verdadeiros mestres da fé.

Cada um desses encontros foi, na verdade, de luz. No primeiro dia, você foi convidado a ver Cristo como luz do mundo (Jo 8,12). O apelo foi segui-lo para não andar nas trevas. No segundo dia, Jesus mostrou-nos que, seguindo seus passos, também seremos luz do mundo (Mt 5,14), isto é, seremos exemplo para os outros. No terceiro dia, o apelo foi para que fizéssemos sempre obras da luz (Jo 3,19), que, entre outras coisas, é ser honesto, justo, pessoa de bem, dando testemunho de sua Palavra, de seus ensinamentos, da luz (Jo 1,1). Dar testemunho da luz foi a ênfase dada no quarto dia desta trezena.

No quinto dia, fomos chamados a ser luz nas regiões das trevas (Mt 1,23), enfrentando com coragem e fé, a exemplo de Santa Luzia, as situações de dificuldades e os desafios, por mais difíceis que eles possam parecer. No sexto dia, confortando-nos perante tais desafios, o tema da trezena convidou-nos a ver Jesus como luz que estará sempre conosco (Mt

1,23), não nos deixando perecer diante das dificuldades e dos sofrimentos. No sétimo dia o apelo temático foi mostrar que o povo que andava nos mais diferentes tipos de trevas viu uma grande luz. Para que isso aconteça, precisamos fazer mudanças radicais em nossa vida, deixando de lado tudo aquilo que represente as trevas: medo, comodismo, injustiça, desonestidade, uma infinidade de situações que impedem que a verdadeira Luz de Cristo brilhe em nós. O apelo do oitavo dia foi para deixarmos as obras das trevas e nos revestirmos das armas da luz (Rm 13,12) e assim, com o coração limpo, poder dizer em alto e bom tom, aos quatro cantos do mundo, que não somos mais trevas, que agora somos luz no Senhor (Ef 5,8), como vimos no nono encontro desta nossa trezena. No décimo, a tônica foi sobre o martírio. Fomos convidados nesse dia a ver os mártires da Igreja como luz e nos alegrarmos por eles (Jo 5,35). Na esteira do tema do martírio, o décimo primeiro dia focou a reflexão sobre a figura da virgem e mártir Santa Luzia, vendo-a como modelo de esperança e fé (Rm 4,18), que devem guiar nossos passos como discípulos e missionários de Jesus Cristo (Mt 10,1-15), tema do nosso décimo segundo e penúltimo dia da trezena. Nesse dia, fomos convidados a acentuar nossa atuação na comunidade como sendo essa uma maneira eficaz de ser luz na Igreja.

No último dia da trezena, o apelo foi para que renovemos nosso ardor missionário (Mc 16,14-20), atuando com mais afinco nas pastorais e nos movimentos de nossa paróquia. Com isso, fechamos um ciclo de oração e reflexão, encarnado na realidade da Igreja e da comunidade onde vivemos. Tudo isso sob o olhar atento de Santa Luzia, que protege nossos olhos contra toda forma de enfermidade e cegueira, principalmente aquela que nos impede de vermos os inúmeros desafios que Cristo tem para cada um de nós, na comunidade. Que possamos fazer desses momentos de oração e reflexão um verdadeiro fortalecimento de nossa fé e de nosso comprometimento com Jesus Cristo, por meio do empenho em nossa Igreja.

ÍNDICE

Este livro foi composto com as famílias tipográficas Dunbar, Kozuka Gothic, Segoe e Trajan Pro e impresso em papel Offset 75g/m² pela **Gráfica Santuário.**